Inhalt

Branchenreport TEXTIL Ausgabe 2/2011

GENIOS BranchenWissen Nr. 11 vom 07.11.2011

Branchenreport TEXTIL Ausgabe 2/2011

Markus Hofstetter

Kernthesen

- Die deutsche Textil- und Bekleidungsindustrie hat in den ersten sieben Monaten 2011 den Umsatz um fast zehn Prozent erhöht, wobei Textil besser abschnitt als Bekleidung.
- Ein Umsatzeinbruch im September bescherte dem deutschen Modefachhandel kumuliert auf die ersten neun Monate 2011 ein Umsatzminus.
- 2010 war Otto der größte deutsche Modehändler, es folgen H&M und C&A.
- Deichmann, die Nummer eins auf dem deutschen Schuhmarkt, hat 2010 die Führungsposition weiter ausgebaut.

Beitrag

Deutsche Textil- und Bekleidungsindustrie legt zu

Die deutsche Textil- und Bekleidungsindustrie hat den Umsatz nach Angaben des Gesamtverbands Textil + Mode in den ersten sieben Monaten 2011 im Vergleich zum Vorjahreszeitraum um 9,3 Prozent auf rund 9,99 Milliarden Euro erhöht. Dabei schnitt Textil mit einem Wachstum von 10,5 Prozent auf 6,03 Milliarden Euro Umsatz besser ab als Bekleidung mit einem Plus von 7,5 Prozent auf 3,96 Milliarden Euro Umsatz. Wachstumsmotor der Textilbranche in Deutschland bleiben die Technischen Textilien, die nach einem Plus von 36,7 Prozent in 2010 auch in den ersten Monaten dieses Jahres wieder ein zweistelliges Plus verzeichnet konnten. Die Zahl der Beschäftigten ging in der Textil- und Bekleidungsindustrie um 0,6 Prozent auf 81 046 zurück. Wegen des stagnierenden Wachstums erwartet der Verband für das Gesamtjahr 2011 für die Textil- und Bekleidungsindustrie ein Plus von nur noch vier bis fünf Prozent. Sämtliche Kennzahlen beziehen sich hierbei auf Unternehmen mit fünfzig und mehr Beschäftigten.

Die positive Entwicklung der deutschen Bekleidungshersteller geht konform mit den Ergebnissen einer Umfrage, die der Modeverband GermanFashion unter seinen Mitgliedern durchgeführt hat. Demnach haben 70 Prozent der befragten Mitgliedsunternehmen das erste Halbjahr 2011 im Schnitt mit einem Umsatzplus von 13 Prozent abgeschlossen. Weit vorn liegen die Berufs- und Sportbekleidungshersteller, von denen 80 Prozent eine Umsatzsteigerung von durchschnittlich 15 Prozent angaben. Für das Gesamtjahr 2011 erwarten sechzig Prozent der GermanFashion-Mitglieder ein Umsatzplus von 14 Prozent.

Auch die deutsche Schuhindustrie zeigt sich mit dem Verlauf des ersten Halbjahres 2010 zufrieden. Insgesamt stiegen die Umsätze nach Angaben des Bundesverbands der Schuhindustrie (HDS) um 15,3 Prozent auf 1,26 Milliarden Euro. Die wirtschaftliche Entwicklung sowie die bisher eingegangenen Aufträge deuten auch auf ein Plus für Gesamtjahr hin. (1), (2) (3), (5), [Abb. 1]

Europäische Textil- und Bekleidungsindustrie hat 2010 Krise überwunden

Laut dem Europäischen Gesamtverband für die Textil- und Bekleidungsindustrie, Euratex, war 2010 nach den vorangegangenen Krisenjahren europaweit wieder ein erfolgreiches Jahr. So konnten die Textil- und Bekleidungshersteller inklusive Chemiefasern in der Europäischen Union 2010 einen Anstieg beim Gesamtumsatz von 4,2 Prozent auf rund 172 Milliarden Euro verzeichnen, allerdings ging gleichzeitig die Anzahl der Unternehmen um 7,6 Prozent auf 40 661 Unternehmen zurück. Während die Textilindustrie ein Plus von 8,3 Prozent verbuchen konnte und insgesamt 83,5 Milliarden Euro erlöste, die Chemiefasern bei einem Umsatz von rund 9,5 Milliarden Euro ebenfalls mit 14,2 Prozent im Plus lagen, verbuchten die Bekleidungsanbieter ein geringes Minus von 0,8 Prozent bei einem Umsatz von 78,8 Milliarden Euro. Gleichzeitig wurden Textilien und Bekleidung von außerhalb der EU im Wert von 83,9 Milliarden Euro importiert, die Exporte lagen bei rund 34,1 Milliarden Euro. Hauptlieferländer bei den Textilien waren China, die Türkei und Indien, die wichtigsten Abnehmerländer die USA, die Türkei und Tunesien. Wer waren die größten Textil- und Bekleidungsunternehmen in Europa?

Das Umsatzranking der größten europäischen Textilhersteller wurde 2010 erneut von der britischen Coats Holding angeführt, die 2010 mit einem Plus von 18,4 Prozent rund 1,2 Milliarden Euro Umsatz erlöste. Platz zwei belegt die Daun-Gruppe aus Deutschland, die bei einem Plus von 14,6 Prozent rund eine Milliarde Euro Umsatz erwirtschaftete und damit gleichzeitig die deutsche Rangliste anführt. Auf Platz drei befindet sich mit 900 Millionen Euro die türkische Sahin Holding, wobei deren Umsätze auch Bekleidung enthalten. Rang vier belegt mit der Freudenberg Nonwovens Group ein weiteres deutsches Unternehmen, das durch ein Plus 19,2 Prozent mit einem Umsatz von 633 Millionen Euro die niederländische Royal Ten Cate auf Platz fünf verwies. (19)

Bei den Bekleidungsherstellern werden europaweit nach wie vor Platz eins und zwei durch deutsche Unternehmen belegt. Adidas führt die Rangliste an mit einem Umsatz von rund 5,38 Milliarden Euro, vor Esprit mit einem Umsatz von 3,02 Milliarden Euro. Auf Platz drei folgte 2010 erstmals die dänische Bestseller-Gruppe mit Labels wie Vero Moda, Jack & Jones, Only oder Selected. Sie konnte bei einem Zuwachs von 15,4 Prozent rund 1,96 Milliarden Euro Umsatz verbuchen. (20)

Modefachhandel dreht im September ins Minus

Das erste Halbjahr 2011 ist für den Modefachhandel gut gelaufen. Es gab zwar viele Umsatzschwankungen und große Unterschiede zwischen den Geschäften. Im Durchschnitt hat der Modefachhandel aber laut dem Bundesverband des Deutschen Textileinzelhandels (BTE) ein Umsatzplus in Höhe von rund drei Prozent erzielt. Am besten lief dabei aufgrund des stabilen Juni-Geschäftes die Herrenbekleidung, aber auch die Damenmode hat im Durchschnitt gut abgeschlossen.

Im Minus lagen nach BTE-Berechnungen dagegen Kinderbekleidung und Haustextilien. Doch im September musste der Modefachhandel ein zweistelliges Umsatzminus hinnehmen. Der TW-Testclub meldet ein Minus von durchschnittlich 13 Prozent, im Vorjahresmonat war es noch plus sieben Prozent. Mit diesem September-Ergebnis hat sich auch der aufgelaufene Jahresumsatz deutlich verschlechtert. Aufgrund des großen Umsatzgewichts des Septembers lag der deutsche Modefachhandel nach den ersten neun Monaten bei einem Umsatzminus von ein Prozent.

Eine ähnliche Entwicklung war beim Schuheinzelhandel zu beobachten. Nach Berechnungen des Bundesverbands des Deutschen Schuheinzelhandels (BDSE) lagen die Umsätze im ersten Halbjahr 2011 bei 5,6 Milliarden Euro. Dies entspricht einem leichten Minus von 0,5 Prozent im Vergleich zum Vorjahr. Der Juli brachte dem Handel jedoch einen Umsatzeinbruch, so dass der kumulierte Umsatz nach sieben Monaten bei minus ein Prozent lag. (4), (5), (6), [Abb. 2]

Otto ist 2010 größter deutscher Modehändler

Wer waren die größten Unternehmen im deutschen

Textileinzelhandel? Dies lässt sich der TW-Testclub-Umsatzrangliste 2010 entnehmen, in der 95 Unternehmen aufgeführt sind. Sie repräsentieren zusammen rund 38 Milliarden Euro Umsatz oder 67 Prozent des deutschen Textileinzelhandels. Allein die Top Ten vereinen einen Marktanteil von 35,8 Prozent.

Auf Rang eins liegt wie auch schon 2009 die Otto Group. Das Unternehmen hat den Umsatz von knapp 3,7 Milliarden Euro in 2009 um über 13 Prozent auf fast 4,2 Milliarden Euro in 2010 gesteigert. Es folgt H&M mit Erlösen von 3,2 Milliarden Euro, der Zuwachs lag bei 13,5 Prozent. Auf Platz drei liegt C&A mit rund drei Milliarden Euro. In der Riege der Top Ten gab es einen Wechsel auf den Plätzen acht und neun. Im Gegensatz zu Aldi konnte Lidl sein Textilgeschäft ausbauen und mit der Aldi-Gruppe den achten gegen den neunten Rang tauschen. Weniger glücklich verlief das Geschäft mit Textilien für die Metro. Galeria Kaufhof einschließlich Sport Arena konnte zwar um ein Prozent zulegen, bei Real und Metro Cash&Carry gaben die Deutschland-Umsätze jedoch nach. Ebenfalls kein glanzvolles Jahr dürfte 2010 für Karstadt gewesen sein, den Rückgang der Textilerlöse schätzt TW auf fünf Prozent.

Interessant dabei ist, dass Unternehmen, für deren Zukunft viele vor wenigen Jahren noch schwarzgesehen haben, wieder expandieren. So erhöhte Neckermann.de die Textilumsätze um elf Prozent, SinnLeffers um 8,3 Prozent und Adler um 7,2 Prozent. Auch setzten viele Labels neben dem Wholesale nach wie vor stark auf eigenen Einzelhandel. So steigerte S.Oliver die Retail-Umsätze um fast 38 Prozent. Tom Tailor kam auf ein Plus von knapp 29 Prozent, Gerry Weber legte um 20 Prozent zu, Tally Weijl um über 19 Prozent. Auch das Vertriebsmodell Teleshopping hat seine Wachstumsgrenzen noch nicht erreicht. HSE24 steigerte seinen Textil-Umsatz um über 21 Prozent auf 152 Millionen Euro. QVC erhöhte seinen Umsatz um rund sieben Prozent auf 300 Millionen Euro. (7), (8), (9)

Schuhhändler: Deichmann ist unangefochten die Nummer eins

Auch für die Schuheinzelhändler gibt es eine TW-Rangliste. Für 2010 sind darin 33 Unternehmen gelistet, wobei die Top Ten rund vier Milliarden Euro und damit 80 Prozent des Gesamtumsatzes der TW-Rangliste vereinen.

Im vergangenen Jahr führte wieder Deichmann unangefochten den Schuhmarkt an, das Unternehmen baute sogar den Vorsprung zur zweitplatzierten Hamm-Reno-Gruppe weiter aus. Der

Schuhfilialist legte beim Umsatz um 7,9 Prozent auf 1,77 Milliarden Euro zu. Über 75 Millionen Paar Schuhe wurden an den deutschlandweit 1 215 Standorten verkauft. Der Umsatz der HR Group wuchs nur um 4,6 Prozent auf 565 Millionen Euro. Platz drei geht an das Schuhhaus Siemes, welches den Umsatz um sechs Prozent auf 408 Millionen Euro steigerte. Es folgen Ludwig Görtz mit 370 Millionen Euro und Leise mit 216 Millionen Euro. (10)

Textil- und Modebranche stabilisiert die Preise

Die Textil- und Modebranche hat im Verlauf des Jahres 2011 trotz der zum Teil deutlich gestiegenen Beschaffungskosten das allgemeine Preisniveau eher stabilisiert. Denn laut dem Statistischen Bundesamt (Destatis) stieg im Index der Einzelhandelspreise der Wert für den Handel mit Bekleidung von Juni 2010 bis Juni 2011 von 103,0 auf 104,4 (Basis 2005 = 100). Die gesamten Einzelhandelspreise erhöhten sich dagegen im gleichen Zeitraum von 106,8 auf 108,5. Im Preisindex für Lebenshaltung (Verbraucherpreise) ist der Wert für Bekleidung von Juni 2010 bis Juni 2011 von 102,8 auf 104,2 und bei Haus- und Heimtextilien von 102,7 auf 103,9 (Basis 2005 = 100) gestiegen. Die gesamte Lebenshaltung hat sich dagegen im gleichen Zeitraum von 108,1 auf 110,6 verteuert. (11)

Nachhaltigkeit wird großes Thema für Hersteller und Handel

Beim Thema Nachhaltigkeit liegen Modeunternehmen im Branchenvergleich weit hinten. Die ist das Ergebnis des "Sustainability Image Score" (SIS) von Serviceplan, für das rund 2 541 repräsentativ ausgewählte Personen befragt wurden. Mit einem Durchschnittswert von sechzig Punkten belegt die Bekleidungsbranche mit Rang elf den vorletzten Platz vor den Kraftstoffproduzenten. Platz eins liegt die Automobilindustrie. Innerhalb der Modebranche schneidet C&A am besten ab. Es folgen H&M, Peek&Cloppenburg und Kik. Doch die Modeunternehmen wollen und müssen aufholen. So will H&M bis spätestens zum Jahr 2020 auf gefährliche Chemikalien in der Produktion verzichten. Wie das Unternehmen bekannt gab, soll die Verwendung gefährlicher Stoffe bei der Herstellung auch besser kenntlich gemacht werden. Dieses Unterfragen ist nicht ganz freiwillig, da H&M auf eine Kampagne von Greenpeace reagiert, mit der die Umweltorganisation den Verzicht auf gefährlichen Chemikalien in der Textilindustrie fordert. Der Greenpeace-Kampagne konnten sich auch die Produzenten Puma, Nike und Adidas nicht entziehen. Sie wollen die Freisetzung gesundheits- und umweltbelastender Chemikalien in der gesamten

Beschaffungskette auf null reduzieren. (12), (13), (14)

Trends

Wasser- und ölabweisende Fasern

Das Unternehmen Alexium hat sich die Rechte an der vom Pentagon entwickelte Reactive Surface Treatment (RST)-Technologie gesichert. Durch RST kann beispielsweise eine wasser- und ölabweisende beziehungsweise eine feuerfeste oder antimikrobielle Ausrüstung von Textilien erreicht werden. Wie funktioniert das? Mit Hilfe von kalten Mikrowellen werden die Oberflächen von Textilien dauerhaft verändert, sie behalten ihre neuen Eigenschaften auch nach dem Waschen bei. RST soll umweltfreundlich sein, da weder Tenside noch Emulgatoren verwendet werden. Vereinbarungen sind nach Angaben von Alexium mit dem australischen Textilhersteller Bruck sowie mit dem US-Textilhersteller SSM Industries getroffen worden, der RST für Schutzbekleidung für den Motorsportverband Nascar einsetzten will. (15)

Wolle wird Luxus

Der kräftige Kursanstieg von Wolle ist schon seit einiger Zeit in Gang. Im ersten Quartal 2011 erreichte australische Rohware mit 1 250 US-Dollar pro Tonne den höchsten Stand überhaupt. Dieser stetige Aufstieg hatte bereits Ende 2002 begonnen. Grund für diese Tendenz ist nicht zuletzt ein nur langsames Wachstum auf der Angebotsseite. Mit 1,13 Millionen Tonnen Ertrag weltweit für die Saison 2010/11 war trotz einer darin enthaltenen Steigerung um 7,4 Prozent im Vergleich zur Vorsaison noch immer nicht das Vorkrisenniveau von 2008/09 mit 1,17 Millionen Tonnen erreicht. Mit allzu großen Zuwächsen und damit einhergehenden Preissenkungen ist nicht zu rechnen, da die Heranzüchtung größerer Schafherden langwierig ist. (16), (17)

Mode goes Social Media

Social Media etabliert sich bei Mode immer mehr als Marketingmaßnahme. Das ergibt eine Auswertung der Studie Social Media-Exzellenz für Handel und Marken der Unternehmensberatung Kurt Salmon. Demnach sind 73 Prozent der hundert untersuchten Modeunternehmen in Deutschland auf Facebook vertreten. Davon verfügen allerdings nur 41 Prozent über ein deutschsprachiges Angebot. Jede zweite Firma hat eine Präsenz auf YouTube, 46 Prozent auf Twitter und 14 Prozent auf MySpace. 13 Prozent betreiben eigene Blogs. In Bezug auf Umfang, Qualität und Professionalität gibt es aber deutliche Unterschiede. Laut Studie wartet die Mehrheit der Markenprofile nur mit wenig Interaktion auf. In der Regel verbreiten sie lediglich allgemeine Informationen, Nachrichten und Werbung. Nur fast jedes fünfte Unternehmen bietet im Social Web einen Kundenservice an. (18)

Zahlen & Fakten

Abbildung 1: Kennziffern für das deutsche Textil- und Bekleidungsgewerbe

Januar - Juli 2011	**Kennziffern**	**Veränderung in Prozent**
Umsatz Textil + Bekleidung (ab 50 Beschäftigte)	**9,99 Milliarden Euro**	**9,3**
davon Textil	6,029 Milliarden Euro	10,5
davon Bekleidung	3,961 Milliarden Euro	7,5
Umsatz Textil + Bekleidung (ab 1 Mitarbeiter, Hochrechnung)	*16,873* ***Milliarden***	

	Euro	
davon Textil	*10,632 Milliarden Euro*	
davon Bekleidung	6,241 Milliarden Euro	
Mitarbeiter Textil + Bekleidung (ab 50 Beschäftigte)	**81 046**	-0,6
davon Textil	53 234	0,8
davon Bekleidung	6 241	
Mitarbeiter Textil + Bekleidung (ab 1 Mitarbeiter, Hochrechnung)	*120 200*	
davon Textil	*78 700*	
davon Bekleidung	41 500	

Quelle: Gesamtverband textil + mode Entnommen aus: Konjunkturbericht 9/2011 des Gesamtverband textil + mode, (3)

Abbildung 2: Die Entwicklung des deutschen Modefachhandels

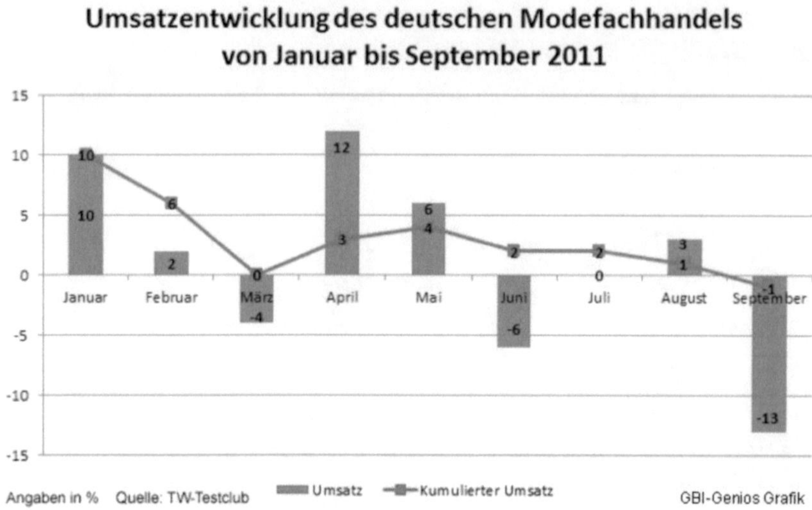

Entnommen aus: TextilWirtschaft, 40/2011, S. 13, (6)

Abbildung 3: Die zehn größten Schuhfachhändler in Deutschland

Rang	Unternehmen	Umsatz 2010 in Millionen Euro	Umsatz 2009 in Millionen Euro	Veränderung in Prozent
1	Heinrich Deichmann Schuhe	1 170	1 640	7,9
2	Hamm-Reno Gruppe	565	540	4,6
3	Schuhhaus Siemes	408	385	6
4	Ludwig Görtz	370	330	12,1
5	Leise*	216	200	8
6	Klauser/Salamander	200	113	77

	Deutschland			
7	Kienast Gruppe	180	180	0
8	Runners Point	144	144	0
9	Foot Locker Germany*	98	86	14
10	L&S Deutschland*	97	90	8

* Schätzzahlen TW Die TW-Rangliste erfasst Unternehmen mit mindestens zehn Millionen Euro Umsatz. Warenhäuser, Versender und Discounter werden nicht berücksichtigt. Die Liste erhebt keinen Anspruch auf Vollständigkeit. Die Angaben beruhen auf Auskünften der Unternehmen sowie eigenen Schätzungen und Berechnungen, Entnommen aus: TextilWirtschaft, 40/2011, S. 26 bis 27, (10)

Weiterführende Literatur

(1) Textilbranche ist voller Zuversicht
aus www.textilwirtschaft.de vom 19.07.2011

(2) Positive Marktentwicklung
aus melliand Textilberichte Nr. 03 vom 14.09.2011
Seite 201

(3) Konjunkturbericht 9/2011 des Gesamtverband
textil + mode von 10/2011

aus melliand Textilberichte Nr. 03 vom 14.09.2011 Seite 201

(4) Modefachhandel: Plus im ersten Halbjahr
aus TextilWirtschaft 34 vom 25.08.2011 Seite 018

(5) Schuhhandel klagt über Umsatzeinbruch
aus TextilWirtschaft 34 vom 25.08.2011 Seite 008

(6) Sonnenschein kostet Umsatz
aus TextilWirtschaft 40 vom 06.10.2011 Seite 013

(7) TW-Größtenliste: Otto auf Platz eins, H&M überholt C&A
aus TextilWirtschaft 40 vom 06.10.2011 Seite 009

(8) TW-Größtenliste: Otto auf Platz eins, H&M überholt C&A
aus www.textilwirtschaft.de vom 05.10.2011

(9) Das Jahr der vollen Tüten
aus TextilWirtschaft 40 vom 06.10.2011 Seite 020 bis 025

(10) Auf Schritt und Klick
aus TextilWirtschaft 40 vom 06.10.2011 Seite 026 bis 027

(11) Modebranche nur mit leichten Preissteigerungen
aus TextilWirtschaft 30 vom 28.07.2011 Seite 024

(12) Nachhaltigkeits-Studie straft Textilbranche ab
aus TextilWirtschaft 23 vom 09.06.2011 Seite 040

(13) H&M will auf Schadstoffe verzichten

aus TextilWirtschaft 40 vom 06.10.2011 Seite 039

(14) Adidas verzichtet auf gefährliche Chemikalien
aus TextilWirtschaft 36 vom 08.09.2011 Seite 042

(15) Kampf-Cashmere
aus TextilWirtschaft 31 vom 04.08.2011 Seite 049

(16) PREISSCHOCK IN WOLLE
aus TextilWirtschaft 39 vom 29.09.2011 Seite 018 bis 021

(17) Wolle wird Luxus
aus TextilWirtschaft 37 vom 15.09.2011 Seite 078 bis 080

(18) Gefällt mir: Die Mode setzt auf Social Media
aus TextilWirtschaft 41 vom 13.10.2011 Seite 007

(19) Stoff gegeben
aus TextilWirtschaft 37 vom 15.09.2011 Seite 052 bis 056

(20) Die Branche im Aufwind
aus TextilWirtschaft 39 vom 29.09.2011 Seite 040 bis 045

Impressum

Branchenreport TEXTIL Ausgabe 2/2011

Bibliografische Information der deutschen Nationalbibliothek

Die Deutsche Nationalbibliothek verzeichnet diese Publikation in der deutschen Nationalbibliografie; detaillierte bibliografische Daten sind im Internet über http://dnb.d-nb.de abrufbar.

ISBN: 978-3-7379-1930-2

oder ähnliche Einrichtungen und die Einspeicherung und Verarbeitung in elektronischen Systemen.